いのちのメッセージ

こどもに語る性の話

こもり　かおり　著

ボーダーインク

「いのちのメッセージ」を伝えよう

「性」に関する話ってどんなことだろう

「赤ちゃんはどこから生まれてくるの？」

この質問に、待ってましたと答えを用意していらっしゃる大人たちは、どれくらいいらっしゃるでしょうか？

赤ちゃんは、愛し合った両親が望んで、暖かで豊かな性交の末、母親の産道を通って生まれてくるという、あたりまえのことがうまく表現できないのです。

赤ちゃんが生まれること、子どもたちが成長して思春期を迎えること、大人になって愛する人に出会うこと、そして二人でいのちをはぐくむこと、更年期を考えること、老人になってからも「性」の話は切り離せません。

いのちの誕生の現場で働いている助産師の私は、「性」のことを話すのは、恥ずかしいことや隠しておくことではなく、本来、あなたは大切な存在と伝えたり、自分を大切にして欲しいという「いのちのメッセージ」を伝える良い機会だと考えています。

この本は、親と子どもが一緒に、そんな大切な「いのちのメッセージ」について語り合うための本です。子どもたちにとっては、性に関する「なぜ？　どうして？」、親たちにとっては「そうなんだよね」と、みんなで一緒に考えてもらいたい、小さなお話が、いくつもつまっています。

パート1は、赤ちゃんのお話。パート2は、思春期のこと。パート3は、性に関して知っておきたいいろいろなこと。さいごは、私からの大切なメッセージ。

さぁ、お母さん、お父さん、一緒に本を開いてくださいね。

助産師　こもりかおり

目次

パート1　みんな赤ちゃんだったんだ

パート2　思春期がやってくる

パート3　よーくいろいろ考えよう

さいごに　大切な、大切なこと

イラスト・上田真弓

みんな赤ちゃんだったんだ

赤ちゃんが生まれる話

自分を見つける第一歩

「赤ちゃんは、どこから生まれてくるの？」

こんな質問をしたことは、きっとだれにも経験があるよね。

その時のお母さんやお父さんは、どんな様子だったかな？

なんだか困ったような顔で、答えにつまったり、なぜか怒り出したり、結局はうまく逃げられて、答えてもらえないままになっているんじゃないかな。

まわりの大人たちは、性の問題を話すことを苦手に思っている人が多いみたいだね。だけど「赤ちゃんが生まれる話」は、自分がどうやって生まれてきたかを知る自分探しの第一歩。お母さんとお父さんが愛しあって、望まれて生まれたのだと確認したいんだよね。さぁもう一度、

「私が生まれた時のお話をきかせて」

と、言い方を変えてきいてみましょう。

お母さんやお父さんの他にも、あなたが生まれたころの話をしてくれる人は、たくさんいますよ。

みんなは、いろんな人に望まれて生まれてきたんだよ。そのことを忘れないでいれば、これから先、みんなが、自分を大切に思って生きていく上で、大きな助けになってくれるでしょう。

自分が赤ちゃんだったころの話が、お家の中で気軽にできたら、楽しいし、愛されている自分に自信が持てるよね。

二人でつくったいのち

大切ないのちをつくるのが「性交」

赤ちゃんを産むのは、お母さんだね。でもね、お母さんひとりじゃ赤ちゃんは生まれてこないんだよ。お父さんにも大切な役割があるんだ。

それは、お母さんと一緒にいのちをつくること。でも、それってどういうことをするんだろうね。

お父さんとお母さんは、それぞれいのちの元を、大切な体の中に持っている。お父さんが持っているのは「精子《せいし》」、お母さんが持っているのは「卵子《らんし》」って言うよ。

この二つの「子」の中には、いのちの秘密が隠されている「遺伝子情報」があるんだ。その遺伝子情報って、みんなほんの少しだけ違っていて、その違いがとっても大切なことなんだ。みんな違うからいいんだね。

精子はお父さんから飛び出して、お母さんの体の中で待っている卵子と出合って合体すると、お母さんのおなかの中で新しいいのちが育っていくんだ。

大切ないのちをつくること、それを「性交《せいこう》」って言うんだよ。

愛しあって、子どもがほしいと思った二人は、キスしたり、抱き合って、「性交」するんだ。性交は、愛しあう二人にとって大切な行為。その結果として新しいいのちである二人の赤ちゃんが誕生すれば、周囲の人たちも幸せな気持ちになるでしょう。

お父さんとお母さんが、お互いを尊敬して愛しあうことで、皆さんが生まれてきたんだよ。

おへそのはたらき

赤ちゃんのたのみの綱

私たちは、お母さんのおなかの中で、どうやって成長してきたんだろう。

精子と卵子が合体すると、「受精卵《じゅせいらん》」と呼ばれるよ。その受精卵は、子宮の内側の壁に潜り込んだ後、「胎児《たいじ》」と呼ばれる小さな赤ちゃんになる。

その小さな胎児は、おへそから「胎盤《たいばん》」と言われる栄養たっぷりの血液のかたまりを子宮の壁にくっつけて、へそを通じてお母さんとつながっているんだ。

お母さんのおなかが丸いのは、子宮の中に胎児だけが入っているのではなく、羊水というお水と一緒にいるからなんだ。

お水の中でも呼吸していられるのは、胎盤からおへそを通じて、酸素と栄養が送り込まれるからなんだよ。空気を吸うのは、「おぎゃー」と泣いてからのこと。

それでは、おへその中は、どうなっているのかな？

おへその中には、血管が通っていて、お母さんの血液から酸素や栄養をもらうんだ。

だからお母さんは、貧血にならないようにバランスのとれた食事をとったり、タバコやお酒を飲まないようにしたり、血の流れが悪くならないように運動をする。そしてお父さんも協力して、夫婦げんかもしないようにと、心とからだの健康に気をつけて過ごすんだよ。

陣痛は赤ちゃんからのサイン

お母さんと赤ちゃんの協力が必要

赤ちゃんが生まれてくる日は、だれが決めるんだろう？
だいたい九ヶ月間、お母さんの子宮のなかで成長した赤ちゃんは、「もう外へ出よう」と自分からお母さんにサインを送る。赤ちゃんが子宮の収縮を起こすホルモンを出すんだ。するとお母さんの陣痛《じんつう》が始まるんだよ。だから、「この日に生まれてほしい」と親たちが望んでも、なかなか予定通りにはいかない。
陣痛が始まると子宮が収縮して、お母さんのおなかは痛くなるけど、お母さんは陣痛が始まるのを待っていたから、うれしく思うんだよ。
生まれてくる赤ちゃんは、狭い産道を通ってくるので、頭から出てくるよ。赤ちゃんは、頭が体の中で一番大きいからね。

赤ちゃんが通りやすいように、胎児の頭の骨は、つなぎ目が重なってて小さくなるし、お母さんの骨盤《こつばん》は骨がゆるくなってひろがるんだよ。

そして陣痛がきて赤ちゃんは、生まれてくる。陣痛は痛そうだけど、これがなければ自然には生まれてこないんだ。

お産には、赤ちゃんの頭の骨の準備とお母さんの産道の準備と陣痛、この三つの動きが必要で、お母さんは、赤ちゃんが生まれてくるのを助けるために、大きく呼吸して酸素を送り込んだり、リラックスして、産道の筋肉をゆるめることに努めるんだ。

お産は、赤ちゃんとお母さんとの協力がとても重要だね。そしてお母さんを励まし、支えているお父さんの存在も忘れないでね。

抱っこが大好き
肌と肌のふれあい

生まれたばかりの赤ちゃんは、抱っこが大好き。

今までお母さんのおなかの中で、まん丸になって育ってきたから、おっぱいを飲み終わっても、ベッドで眠るより、だれかに抱いてもらっている方が安心なんだよ。

赤ちゃんは泣くことで、オムツを交換してもらい、おっぱいをもらって抱かれるんだということを、自然に学びます。そして「自分は愛されているんだ、大切な存在なんだ」と、自分に自信を持つようになるのです。

でも、赤ちゃんのうちから、早く自立させようとして、泣いている赤ちゃんがいても、「抱きぐせをつけないように」と抱かないでいると、その赤ちゃんは、やがて泣かなくなります。でもそれは、赤ちゃんが自立したのではなくて、あきらめてしまうからです。本当の自立って、自分に自信を持つことで、自分であきらめてしまうことじゃないよね。

生まれた時からたくさん抱かれて、愛されて育つこと。それは、その子が成長していく上で、自分を大切にして、ほかの人も大切にしていくために、最も必要なことなんだよ。とっても大切。

「抱く、さわる、なでる」といった肌と肌のふれあい・スキンシップは、人が生まれてから死ぬまでの間、素敵な喜びあふれる気持ちいいものなんだよ。

一番大切な人と

一生続くふれあい

赤ちゃんにとって、「抱っこ」は大切なコミュニケーションの手段ですが、だれでも良いわけではありません。「人みしり」といわれるように、信頼できる人かどうか、赤ちゃんはきちんと選んでいるのです。私たちが、友達や恋人を選んでいるのと同じですね。一緒にいると心地よい人は、そばにいるだけでよかったり、言葉を交わすだけで安心できたりするね。でもからだのふれあいって、もっともっと親密になれるんだよ。

子どものころは友達と手をつないだり、うでを組んだりふざけっこするもんなんだ。それだけでも、友だちとずいぶんと親しくなれる。こういうふれあいは、心の成長のためにも必要なんだ。

やがて恋愛に興味を持つ年頃になると、好きな人と一緒に過ごすだけでなく、手をつないでみたい、肩を抱き寄せたいと願うようになるでしょう。心も体もピッタリと寄り添いたいと感じて、抱きしめてキスしようと思ったりするかもしれません。

こんな感情は、いつまで続くんだろう。おとうさんやおかあさんは、ふれあっていますか？　おじいさんやおばあさんはどうかな。

もしあなたが、誰にもあえなかったり、おしゃべりできなかったり、からだにふれ合ったりする事ができなければ、どうなってしまうんだろう。さみしいだろうね。生きていく力が湧いてこなくなるかもしれないよ。病気にかかりやすくなるかもしれない。だって、一人ぼっちじゃ生きていてもつまらないんだもの。

人は、みんなで力を合わせて生かしあっているんだよ。だからあなたのいない生活は、家族や友達には考えられないことなんだ。あなたは、まわりの人たちにとって大切な存在なんだよ。

お母さんと赤ちゃんの絆

泣き声でおっぱいが出る

赤ちゃんが泣くと、お母さんは、普段より高い調子の声で赤ちゃんに話し掛けます。そして、赤ちゃんの目を見ながら、オムツはぬれていないか、おなかはすいていないかと確かめます。

赤ちゃんは、おっぱいを飲む時に抱っこされると、必ずお母さんのお乳に顔をつけています。そうすると、お母さんの肌のぬくもりややわらかさ、においが直接感じられて、赤ちゃんは、とても安心できるんだよ。

では、お母さんのほうはどうだろう。お母さんは、赤ちゃんの泣き声を聞くと、おっぱいがわいてくるようになっているんだ。そしておっぱいを吸われると、さらにおっぱいがどんどん出るような仕組みになっているんだよ。

こんな風に、赤ちゃんが泣いたら、やさしく抱っこをしたり、おっぱいをあげたりすることは、お母さんの「自信」を大きく育てていくことになるんだ。

そして赤ちゃんは、自分の要求を聞いてもらうことで、安心して、お互いの信頼関係を深めていくことになるんです。

そういえばね、泣いている赤ちゃんを見たら、お母さんだけでなくお父さんでも、ちょっと高い声で赤ちゃんをあやすんだよ。おもしろいね。

そう、実は赤ちゃんは、高い声が大好きなんだよ。だからお兄ちゃんやお姉ちゃんは赤ちゃんを一番上手にあやせるのかな。

さぁみんなも、今度確かめてみて。

母乳のすごい力

良いことづくしのおっぱい

みんなは、母乳って、どんなにすばらしいか知っている?

1　病気から守ってくれる

生まれたばかりの赤ちゃんは、少しの量の母乳しか飲めないけれど、「初乳」という出始めの母乳は濃くて、赤ちゃんを病気になりにくくしたり、便を出しやすくする成分が含まれているよ。

2　味に変化がある

母乳って、始めはあっさりしていて、段々おいしさが増してくるんだよ。そして最後にはデザートを食べたあとのように、満足感が味わえる。まるでフルコースディナーのような出方をするんだよ。一日のうちにも、朝の味、夜の味があるし、その赤ちゃんの月齢に合ったおっぱいが出るしくみにもなっています。

３　からだに良い影響を与える

あごをたくさん使って飲むので、赤ちゃんの脳に刺激を与え、歯並びも良くするんだね。

４　食欲のコントロールを促す

赤ちゃんは、欲しいだけ飲んで眠るので、飲みすぎたり、足りなかったりしないんだよ。

５　出産後のお母さんのからだの回復を早める

赤ちゃんに母乳を吸われると、お母さんの大きくなった子宮が、元の大きさに戻るのを早める。精神的にもお母さんは楽になって、安心するんだ。

６　お金や、手間がかからない

あれこれ準備の必要な粉ミルクに比べると、もちろん簡単で便利だ。

７　母子の絆が深まる

こんなにすばらしいことがあるんだから、当然赤ちゃんとお母さんの絆は深まるよね。

おっぱいからごはんへ

離乳食は難しい

赤ちゃんは、おなかの中にいる時から指を吸って、生まれてすぐにおっぱいを飲む練習をしているんだよ。みんなもそうだったんだ。

生まれてしばらくは唇に触れると、ちゅっちゅと指を吸ってくれるけれど、半年ぐらいたつと、今度は、ぎゅっと噛みにくるよ。

そのころの赤ちゃんは首がしっかりとしてきて、食卓を見てはよだれを流して、食べ物を欲しそうにするし、歯も生え始めるんだ。いよいよ離乳食が、始まるんだね。

離乳食は、どろどろしたおかゆをスプーンで食べることから始めるんだ。だけど、おっぱいのような液状のものを吸うことと、スプーンで固形物を食べるのは、口の使い方が全然ちがうから、赤ちゃんにとっては、とても難しいことなんだ。

大人と一緒のものを食べられるのは、二歳か三歳になってからで、それまでにだんだんと、水分が少なくて硬いものを食べる練習をするんだよ。

この時期に、ちょうど良い硬さの食べ物を食べる練習をしないでいると、きちんと噛んでつばと混ぜずに丸のみしてしまう子になってしまう。そうならないように、お母さんやお父さんは、一生懸命努力してくれたんだ。

人間の子どもは、すぐに大人になれないね。

あなたの赤ちゃん時代は？

個性派ぞろいの赤ちゃんたち

赤ちゃんって、どんな暮らしをしているんだろう？　おっぱいを三時間ごとくらいに飲んで、ウンチやおしっこをしたら、おぎゃあおぎゃあと泣いて知らせて、それ以外はベビーベッドですやすやと安らかに眠っているのかな？

人はだれでも個性があって、一人一人は違うんだと知っているけど、「赤ちゃんってだいたいこんな感じ」というイメージがあるよね。大きな頭と小さなからだ・丸いお顔にまんまるほっぺ・大きなひとみと小さなお口。手はもみじのように小さく、肌ふわふわやわらかくて、おっぱいのにおいがする。おもわず可愛い！　抱っこさせて欲しい！　つれて帰りたい！　なんて思わせるような存在だよね。

それから、お顔がお父さんに似ているとか、手の指がおばあちゃんにそっくりだとか、家族に似ているということも、何だかうれしくなってしまう。

だけど、そんなかわいい赤ちゃんにも、育てる人を滅入らせるようなことをする事があるよ。泣いてばかりでなかなかすやすやと眠らなかったり、おっぱいをまとめて飲まないで、すぐに眠ってしまったり、哺乳瓶のほうが好きといって母乳を飲まなかったり、抱っこしていないと泣くので一日中抱っこを要求したり、便秘でなかなかウンチを出せなかったり。

赤ちゃんは、一人一人違っていて、可愛いなと思える時も、困ったな、大変だなと思える時も両方の思いがあるんだよ。年の離れた弟や妹がいる人は、お父さんやお母さんのがんばりを知っているかもしれないね。

さあ、あなたの赤ちゃん時代のことを両親や家族にきいてみよう。あなたは生まれた時からかなりの個性派だったかもしれない。

思春期がやってくる

思春期がやってくる

大人と子どもの境目

みなさんは、お父さんやお母さんとお風呂に入った時、大人と子どものからだの違いにすぐに気が付いたよね。

お父さんのからだは大きくてがっしりとしているし、ボクよりも大きなおちんちん（ペニス）がついている。先だってまるくなっていた。

お母さんには、私より大きなおっぱい（乳房）がついているし、おしりもすごく横にはり出している。

それにお父さんもお母さんも、わきや股の間に毛がはえている。

でもね、君たちもだんだん、少しずつそんな大人に近づいているんだよ。子どもが大人になり始めるころ、年齢で言えば十歳から十八歳のころを、「思春期」というんだ。

思春期は、からだが大人にどんどん変化していくのに、気持ちがうまくついていけなくて、「怖い」と思ったり、逆に「うれしい」と感じたりして、とっても不安定な時期だよ。大人と子どもの境目だから、不安になるのもわかるよね。

実はね、長い人生の中で、思春期のあとに、もう一回不安定な時期がやってくるんだ。大人と老人の境目で、「更年期」というんだよ。それって、男にも女にもある。やっぱり、大人も、老人になるのが、不安なんだ。

不安定な時期を迎えている人を支えるのは、安定している人たちの努めだから、思春期の君たちは、いろんな人に相談して、助けてもらえばいいんだよ。

性器の名前は呼べるかな？

女の子の性器は「おちょんちょん」

まだあなたが幼いころ、大人たちは、あなたのからだを指差して「これは何？」ときいて喜んだりします。「これは？　お目め！　これは？　お鼻！」。頭の先から始まって、おへそまでくると、なんだかぱっと飛ばして足に進みます。あれっ、パンツのなかは、名前が付いていないのでしょうか？

いいえ、もちろん名前があります。名前は、相手と親しくなるのに一番大切ですね。初めて会った時には必ず名前を言ってあいさつしますよね。それでは、パンツの中には何がありますか？「おしり」と「おちんちん」かな。

「おしり」にはウンチをだす「肛門《こうもん》」という出口があるね。おしっこを出す出口は「尿道《にょうどう》」というんだよ。男の子は「おちんちん」の先にこの出口があるね。

女の子はひだのようなものの中に出口があります。

このひだでおおわれているところは、「おちょんちょん」といいます。「おちんちん」は、正しくは「ペニス」、そして「おちょんちょん」は「バルバ」といいます。男の子のは、耳慣れた言葉だけど女の子の性器って、初めてきいた名前かもしれないね。

それは昔、女は性のことを口に出してはいけない習わしがあったからなのかもしれない。女性は、性のことを知らなくてもよいとされていたなんておかしいことだね。

さて、女の子にはもう一つの出口があるのを知っているかな?

それは、赤ちゃんの出口で、「ワギナ(膣《ちつ》)」といいます。この「ワギナ」はふだん尿道と肛門の間にはさまれて隠れています。赤ちゃんが生まれる時、おしりからでてきたように思っている人もいたかもしれないけど、隣同士なので分からなかったんだね

ペニスは親しみやすい器官

皮を少しずつむいてみよう

小さな男の子が、

「おちんちんをむいたら、またおちんちんが出てきたよ」

と私に教えてくれたんだよ。

男の子は、幼いころからおしっこするたびにペニスにふれて、排尿する気持ちよさを感じて育つので、ペニスは親しみやすい器官なんだね。

おしっこは、ペニスの先の穴から出てくるけれど、ペニスは皮で包まれているので、右や左へ曲がって飛ぶことがあるね。だから、皮をおなかの方へひっぱって、おしっこをすると、びっくりするほど力強くまっすぐ飛ぶよ。

シャワーの時に皮を少しむいてみると、白いカスがたまっていることがある。これを放っておくと、赤くはれあがって痛くなるから大変だよ。

赤ちゃんのころには、皮がむけないのが普通だけれど、生活の中で少しずつむいていると、大人になるまでにきちんとむけるようになるので、心配は要らない。でもむこうとしても痛くてむけない人は、今のうちにお父さんやお母さんに相談しておこう。

病院で専門の先生にアドバイスをもらっておけば、悩みも解消するね。

大切に守られている睾丸

体温より低い温度を好む

「キンタマ」（睾丸《こうがん》）にボールが当たると、とても痛い思いをするよね。男の子ならわかる、あの辛さだ。

キンタマは、「金のように大切な玉」という意味。いのちの元である精子が作られるから、そう大切によばれるのもよくわかるね。

とても大切なところだから、男の「急所」ともいわれているんだよ。

そんなに大切だったら、もっと安全な場所にいれておけばいいのに、なぜかからだから離れたところにあるんだよね。それは、精子が体温より約四度低い温度を好むからなんだ。

ほかにも、大切なキンタマを守るために、「キンタマ袋」（陰のう）には、おもしろい特徴があるんだ。例えば……

袋は八重の層になって、睾丸を衝撃から守っている。

体温よりも温度を低く保つために、ふだん、からだから離れている袋には、皮下脂肪がついていない。

汗腺がたくさんあって、汗を出して冷却に役立っている。

そしてね、袋の皮膚の色が、ほかの肌の色と比べて濃いのは、太陽の紫外線から精子を守っているからなんだ。そうキンタマは、日焼けをしてはいけないんだね。

袋には、ヒダがたくさんあって、伸び縮みする。暑い時には、体温がキンタマに伝わりにくいようにダラリとしていて、寒い時には、ヒダは自然に縮んでキンタマをおなかに密着させて、体温で暖めるんだよ。

おちんちんが硬くなる！

「勃起」は健康のバロメーター

おちんちんって、硬くなって立つことがあるよね。

赤ちゃんをよく見ていると、これからおしっこを飛ばすぞ！　という時にも硬くなるのがわかる。君も朝起きて、膀胱《ぼうこう》におしっこがたまっている時に、硬くなっちゃうね。

こんな風にペニスが硬くなることを、「勃起《ぼっき》」っていうんだ。

これから思春期になれば、男性ホルモンが脳を刺激して、精巣で精子ができるようになって、それを外に出すために、もっと勃起しやすくなるよ。たとえば手で直接ペニスを刺激した時や、エッチな場面を見たり想像した時だ。

では、どうしてペニスが硬くなるのかな？

人間のからだには、血液が流れているね。その血液が、やわらかなペニスに急に集まってふくれあがって、硬くなって立つんだ。これが「勃起」なんだね。だけど、少したって血液が体の中に戻ると、やわらかなペニスに戻るんだよ。

でも年をとったり、病気になって男性ホルモンの分泌が少なくなれば、勃起しにくくなることもある。

勃起したり、射精したりすることは、いやらしい事でも、恥ずかしい事でもないよ。男の子の、健康のバロメーターだね。

初めての射精
「精通」健康な成長のあかし

ペニスは、男の子にとって、赤ちゃん時代からとても親しい性器だね。オシッコをする時、いつもさわっているし、さわると気持ちがいいんだよね。ずっとさわっているとペニスは、勃起するね。

思春期にはペニスが成長してくるので、包んでいた包皮という皮から、ペニスが顔を出すようになるんだ。

子どものころキンタマって呼んでいたところは、「精巣《せいそう》」といって、男性ホルモンを作っている。そして十歳ぐらいになると、「精子」を作り出すんだよ。だから大切にされていて、「陰のう」という袋に包まれているんだ。暑い時にはだらりとしているし、寒い時や怖い時にはきゅっと縮んだりする。それは精巣が精子を作るには、体温より四度ぐらい低めがいいからなんだよね。

精巣で作られた精子が、ほかの液体と一緒に外にペニスから飛び出すことを「射精《しゃせい》」といい、初めて射精することを「精通《せいつう》」というよ。

これは君たちが、健康に成長しているというあかしなんだ。

大きさで悩まない

相手を思いやる心のほうが大切

友達と比べて、ペニスが小さいと悩んでいる男の子は、いないかな?

他人のペニスが大きく見えて、自分のが小さく見えちゃうのは、あたりまえなんだ。だって、他の人のは横からや正面から見るのけれど、自分のペニスは上から見下ろしているからだよ。自分のからだを鏡で映してみると、客観的にわかるね。

それに肉付きのよい人の場合は、ペニスがからだに埋まっているから、短く感じるものなんだ。

ペニスの長さを測るには、勃起していない時に測るといいよ。おなかからほぼ直角になるように軽く引っ張り、裏に定規をあてて、ペニスの下の骨からペニスの先までを測ってごらん。そして勃起して、五センチ以上あれば、だいじょうぶだよ。

ペニスの長さや睾丸の大きさって、二十歳過ぎまで成長しつづけるから、これからもまだ大きくなっていくんだよ。

性器の大きさや形や色が、一人一人違うのはあたりまえだとわかっているけど、やっぱりなんだか悩んでしまうね。男の子も大変だ。でもね、それは男の子って「大きいほうがよい」「強いほうがよい」といった思い込みがあるからじゃないのかな?

本当に大切なのは、あるがままの自分（むずかしいかな、そのまんまってことだ）を受け止めること。そしてみんなの個性を大切にして、あるがままの自分を受け入れたように、他の人も、あるがままにって認める、思いやりの心なんだ。

トランクスをはこう

陰のうはしめつけないで

精巣は、いのちの元である精子を作る場所なので、体温より四度くらい低い温度を保つように体の外にぶら下がっていると説明したよね。

だから小さいブリーフや、ぴちぴちのGパンをはいていると、せっかく涼しい状態にいる陰のうの働きの邪魔をしてしまうことになるね。

あまりにもきつすぎる衣服は、ペニスの付け根を押し付けてしまうので、おしっこをする時にも尿が全部出せなくてしまうことがある。だからおしっこが終わったと思ってペニスを中にしまうと、おしっこする管に残っていた尿がちょろちょろと出て、ブリーフをぬらしたりするんだよ。

睾丸やペニスの周りは、もともと湿っぽくてカビや病気になりやすいところだから、パンツが残尿でいつも湿っているのはよくないね。

その上、思春期は、性器の発育にも大切な時期だから、ペニスや睾丸は、風通しがよくて自由に動ける環境がいいんだよ。だから、デカパンをはいて、いつもぶらぶらできる余裕が必要なんだ。人生、余裕が大切。

ブリーフしかはいたことのない人は、休みの日や夜寝る時に、一度トランクスを試してごらん。

それにね、トランクスは柄物が多いので、寝ている時に、夢精《むせい》が起こってパンツをぬらしても、しみが目立たないという利点もあるんだよ。

ホルモンってなあに？

思春期を知らせるもの

小学校の高学年から中学生になる頃は、脳の中にある「下垂体《かすいたい》」というところから性器を刺激する「ホルモン」が出される。そのホルモンで男の子には「精巣《せいそう》」、女の子には「卵巣《らんそう》」の働きを活発にするんだ。

ホルモンはジュースみたいなもので、血液の中を流れて、精巣や卵巣に働きかけるよ。

男の子が、肩幅が広く、筋肉が発達して、ひげが濃くなり、お父さんのようなからだに近づくのは、男性ホルモンが精巣でつくられて、からだを変化させたんだ。そして精巣自身もホルモンによって成熟し、その中でいのちの元である精子をつくるようになる。

女の子は女性ホルモンが卵巣で作られるから、腰はばが広くなって、お乳が大きくなり、体全体がふっくら丸みを帯びてくる。卵巣自身は、女性ホルモンによって卵子を成熟させるんだよ。

ホルモンがうまく出ないと、いつまでたっても子どものからだつきでいることになるから、こうしたからだの変化は、健康であるしるしなんだよ。

人によって、早かったり遅かったりするけれど、誰でも経験することなので心配したり、恥ずかしがったりしなくても、だいじょうぶ。

毛の生えるころ

剃ってもだいじょうぶ

　小学校高学年のころになると、生えても生えなくても、性毛のことが気になるね。

性毛やわき毛やひげは、ホルモンの働きで生え始めるんだよ。

じゃあ、なぜ毛が生えてくるんだろうね？

大切な部分を守るため。あるいは、性器を目立たせるため。そして、わきの下や性器から「におい」をだして、好きな相手に自分のこと気づかせるためなんだって。毛が生えていると、においがこもって長持ちするからなんだ。


　野生の動物だと、オスとメスがにおいで呼び合っているけれど、人間は、好きな人を「あの人がすてき」と思って選ぶので、においはあまり役に立たなくなったんだ。だから、性毛やわき毛を剃ったり、取ってしまったりしても大丈夫だよ。

日本人は、毛が黒くて目立つので、おしゃれの一つとして剃る人もいるし、自然のままが好きといって剃らない人もいるね。結局は、自分で決める事なんだ。毛を剃ると余計に濃くなるといわれるけれど、生え始めは、濃く見えるだけなので、気にしないでいいよ。

カミソリや、脱色剤などの使い方は、家の人からちゃんと教えてもらった方がいい。

それともうひとつ大切な事。自分専用のカミソリを使う事は、いろんな感染から身を守るために必要なことなんだよ。

お父さんやお母さんや家族のものを使わないでね。

月経は成長のあかし

記録を残すことが大切

卵巣には、胎児のときから卵子の元になる卵がたくさん入っていて、思春期になると卵子の元が一個ずつ成長して、卵子になります。その卵子が、卵巣から飛び出すことを「排卵《はいらん》」って言います。

その卵子が精子と出会わなかった時、子宮の内膜は溶けて血液と一緒に出てきます。これが「月経《げっけい》」だね。「生理《せいり》」とも言うね。

月経の経血は、自分の知らない時に出てくるから、学校で急におこったりすることもある。だから、そろそろ月経がくると予想して、外出する時にナプキンを用意することも必要なことだね。

また周りの人たちも、月経が始まってスカートがよごれちゃった人にそっと教えてあげたり、ナプキンを貸してあげたりする気配りも大切だね。

月経の始まりは、「あなたらしく順調に発育しています」というしるしなので、「月経は、健康のバロメーター」という表現がぴったりかもしれない。

これからだんだんおっぱい(乳房)や子宮、膣も大きくなっていくように、はじめは不規則な月経のリズムも整っていくんだ。小学生の月経と大人の月経は同じではないんだよ。

初めての月経を迎えたら、きちんと記録をしておこう。

「ヤングメモリー」(日本家族計画協会発行)というノートは、一ページが一年分の日記なので、月経だけでなく、病気やけがの記録もしておけば、自分の体のカルテができるね。

からだのリズムがわかる基礎体温

お母さんと一緒に測ってみよう

月経は、毎月のリズムだけど、もっと詳しくこのリズムを知るためには「基礎体温《きそたいおん》」を測るといい。

基礎体温の測定には、普通の体温計より目盛りが細かい婦人体温計を使う。朝、目が覚めた時、仰向けになったまま五分間、舌の裏側で体温を測り、グラフをつけるんだ。

この時、オリモノや食欲、気分、体重、便があったか、月経痛の状態、けがや病気など何でも書き込んでおくといいよ。月経の前、途中、終わった後で、自分のからだがどうなるのか分かってくる。毎日測れなくてもいいから続けてみよう。

月経と月経の間には排卵があって、その前後は体温が低温相《ていおんそう》と高温相《こうおんそう》に分かれているよ。グラフはでこぼこしているけど、大体二つの相に分かれていればＯＫだ。基礎体温を測っていると排卵をした日がわかるので、次の月経がいつくるのかが予想できる。

ほかにも、妊娠が早く分かったり、卵巣の機能が衰えて月経が終わろうとしているのがわかるので、思春期から更年期まで、母と娘で一緒に楽しんで測定できるといいね。

排卵日を感じてごらん

基礎体温の低温相の一番終わりの日

健康な女性には月経と月経の間に、卵子をからだの外に出す「排卵《はいらん》」が起こるね。排卵が起こる時には、私たちの体はどんな変化をするのだろう？

性交をして卵子と精子が出会うところは、「卵管《らんかん》」と言うんだ。卵子は、卵巣を出て卵管で待っていて、精子は膣から子宮を通って卵管に行き、卵子と精子はそこで出会うよ。

普段、子宮の入り口には粘液でふたがされていて、ばい菌などの侵入を防いでいるけれど、排卵の前後は、この粘液がやわらかくなって子宮の中に精子が入りやすくなるよ。

子宮の入り口の粘液は、やわらかくなると膣を通って、外に出てくる。だから排卵のころには、下着には、卵の白身のように透明で少しブルンとしたおりものがつくよね。

排卵の時、少し下腹や腰が張った感じがしたり、出血したりする人もいるよ。

注意深く排卵を感じるようにしていると、卵巣は左右に一つずつあるので、右か左のどちらから排卵したかが、わかるようになるかもしれない。

基礎体温を測っている人なら、低温相の一番終わりが排卵日ということがわかるね。お母さんやお姉さんに、排卵日がわかるかどうかきいてみよう。

もし、知らなければ教えてあげてね。

オリモノは涙と一緒

膣の自浄作用の結果

オリモノは、下着を汚す汚いものと考えている人はいませんか？子宮や膣は粘膜だから、分泌液が出るのは、あたりまえの事なんだ。鼻から鼻水、目から涙が出るのと同じだね。

オリモノが、のり状で量がいつもと変わりなく、色は白か半透明か透明なら、それは健康のしるしです。だけどオリモノは乾燥すると、色が黄色やクリーム色になるので、下着についているのが黄色っぽいこともあるんだ。

それから、排卵の時期になると、オリモノはふだんより多くなるね。この時のオリモノは、卵の白身に似ているよ。

オリモノには、特に強いにおいはないけれど、ふだんの健康な時期に注意を払って知っておく事が大切だね。オリモノがいつもと違う色やにおいや量だったら、お母さんといっしょに、病院で相談するといいよ。

きついジーパンを履いていたり、からだをガードルで締め付けたり、通気性の悪い下着を着ていると、膣の自浄作用《じじょうさよう》（健康を守るためにばい菌などが入ってきても、流しだす作用）が弱まるので、からだをしめつけない木綿の下着を選ぼう。

市販のオリモノシートも、オリモノを吸収しすぎることがあるので、注意が必要だね。

月経が始まるサイン

いろいろな症状がある

もうじき、月経が始まるという時、ホルモンのバランスがくずれて、いろいろな症状が現れる事があるよ。

①からだに起こる症状
②こころに起こる症状
③人間関係で起こる症状

これらの三つの症状に大きく分けることができる。

①には、「乳房がはる」「おなかが痛む」「むくんだ感じ」「にきびが出る」などがあるね。からだは、月経に向けて、血液を子宮周辺に大量に送り込んでくるし、子宮自体も重くなるので、お腹や腰に重たい感じを受けるんだ。また、からだ

に水分をため込もうとするので顔がむくんだり、おっぱいが張って痛んだりする人もいるね。肌が敏感になってしまう人もあるよ。

②は、イライラしたり怒りっぽくなる事もあるし、涙もろくなる事もある。女の子の心はデリケートだね。

③の、家族や友達との付き合いでは、けんかしやすくなったり、一人でいたいと思う事もあるんだよ。物事が面倒になったり、整理整頓がしたいとはりきりだす人もいる。月経がいやになる人もいる。

もちろん、そんな症状のない人だっているよ。自分はどんなサインが出ているかな。なんだか今度の月経が楽しみになってきたね。

リズムに注意「月経不順」

ホルモンのアンバランス

ふつう、月経は二八日から三〇日の周期で起こります。はじめの出血を一日目と数えて、次の出血の前の日までの日数を「月経周期」というんだ。

初めての月経を迎えた人のうち、すぐに順調に二八日周期になるのは全体の半数ほどで、順調になるまでの日数は人それぞれで違うけど、だいたい四～五年かかるようだね。

ちょっと心配なのは、一度順調に月経が起こっていたのに、ある時からリズムが狂ってしまった場合だよ。

もちろん、ストレスや体調によって数日のずれが起こる事はよく経験するけれど、一カ月おきになったり何ヶ月もなくなったりした時には、病院に行かなくてはいけないよ。

「生理がないと楽だわ」といっているうちに、ホルモンのバランスがくずれ、子宮や卵巣が働かなくなって、健康をそこなってしまう。

反対に、二四日以内に月経が起こることも、ホルモンのアンバランスからよるものと考えられるので、放っておけないんだよ。

大人の中にも生理不順の事を気にしない人が多いけど、月経は健康のバロメーターだと気づいてほしいね。

月経痛は、冷えすぎに注意

ちゃんと対策しようね

月経の時に、おなかが痛くなる人はいませんか？　なぜだろうね。まず、月経血をよく観察してみよう。

普通は、サラサラしていて自然に外に出やすくなっているけど、大きな固まりがでる時には、それを押し出す力が必要になるので、子宮が強く収縮して、おなかが痛くなるよ。

月経血は、酵素の働きで分解されてサラサラになるので、血の固まりは出ないのがふつうだけど、子どものうちはまだからだの機能が十分でなくて、固まりになる事もあるんだよ。

痛みというのは、人それぞれで感じ方が違う。でも、冬にミニスカートをはいたり、小さな下着をつけたり、冷たいものをたくさん食べたり飲んだりしているとしたら、からだを冷やした事で、月経痛がひどくなる事も考えられるんだよね。月経中は、特に体を温めるようにしてごらん。

それに沖縄だと、夏も冷房が行き届いていて、みんなのからだも冷えやすいよね。学校にひざ掛けやざぶとん、ジャケットを持っていくことや、おうちで下半身の血液の循環を良くするような体操をしたり、半身浴（足だけや腰までの入浴）なんかもおすすめだ。

鎮痛剤を飲んでも痛むようなら、婦人科の受診が必要だという事も覚えておいてね。

月経の終わり「閉経」
気になる場合は病院へ

女の子は、思春期になると月経が始まる。でもその月経は、死ぬまで続くんじゃなくて、終わりがやってくるんだよ。これを「閉経《へいけい》」というんだよ。

思春期には、子どもから大人へとからだが大変身するために、性ホルモンが登場してきたね。

だけど、月経が始まって二〜三年は、月経に関するからだの器官やホルモンのバランスが完成していないので、月経のリズムが不規則な事もよくあるんだ。

同じように、年をとってきて、からだの機能や働きが衰えてホルモンの分泌が少なくなってくると、排卵が起こらなくなったり、月経のリズムも不規則になり、やがて月経は終わるんだ。このころを（四五歳〜五五歳）を「更年期《こうねんき》」というよ。

閉経は、最後の月経から、一年間月経が一度もなければわかるので、「これが最後の月経なんだ」とは、その時には決められないんだ。

女性が妊娠をする可能性は、排卵があるならば、いくつになっても考えられるので、排卵を知るために、「基礎体温」を測ることがお勧め。これは、思春期の女性にも必要だね。

また、ホルモンの検査で卵巣機能の終わりを知ることもできるので、気になるお母さんは、病院を訪ねてみるのもいいでしょう。

もしも胸がふくらんだら
ブラジャーは恥ずかしがらずに

女の子は、思春期になると、胸がふくらむ前に痛くなってくる事があるよ。胸全体が痛い事もあるし、先の乳首のところが痛いこともある。

乳房の中は、「乳腺《にゅうせん》」という母乳を出す器官と、その乳腺を包む脂肪がはいっている。

まず最初に乳腺の発達が始まって、そのあとから脂肪がついてくるので、痛さを感じる事があるんだよ。

だから、胸が痛いということは、体から「大切にしてね」っていうサインが出ていることなんだよ。男子の睾丸と同じだね。

脂肪のつき方は、栄養状態や遺伝の影響もあるので、一人一人違っている。

胸がふくらんでくると、薄着の季節に透けて見えたり、体操服に着替えると気になっちゃうことがあるよね。胸は、女性のプライベートゾーン(自分だけの場所)だから、隠したくなるのは、当然のこと。大切なものなんだ。

そんな時は、ブラジャーをするといいんだよ。ブラジャーは、胸を痛みから守ったり、スポーツする時にゆれにくくしたりして、胸をあまり目立たないようにしてくれるんだよ。

はじめは気恥ずかしくて、なかなかブラジャーを着けにくいかもしれない。だけどクラスで誰もつけていなくても、自分がブラジャーを着けているほうが安心なら、堂々と一番先につけてみてごらん。

ぴんと背筋を伸ばしてみようよ。かっこいいよ。

さわったら、だめ！

逃げる練習もしよう

自分の大切なものは、自分が「いいよ」って言わないかぎり、だれも見たりさわったりしてはいけないよね。例えば、手紙や日記がそうだね。

それでは自分のからだの中で、見られたくないところや、さわられたくないところは、どこだろう？

くちびる？　パンツの中？　女の子は、胸もそうだよね。水着でかくれるところ……くちびると性器とおしりと胸…は自分だけのもの。「プライベート・ゾーン」だから、だれもさわる権利はありません。自分が「いいよ」と言わないかぎり、だれかがさわったりしてはいけないの。お父さんやお母さんでもイヤだったら「やめて」と言っていい。だれかが、さわろうとしたら「いや！」とさけんでもいいんだよ。「いや」と言ってもさわるのを止めないなら、すぐに逃げだそう。

そして、いやな思いは、秘密にしないで、信用できる人に話をする勇気を出して欲しいんだ。

学校では、避難訓練したり、いざという時のために、考えたり話し合ったり、実際に逃げ出したりする練習をしているね。

自分の安全を守るために、おうちの人と話し合ったり、実際に大声を出して練習することも大切なことだね。

自分で守ろう

いやな思いは、相談しよう

私の友人が高校生のころ、八歳年上のいとこの男性から背中をさわられて、とてもいやな気分になったことがあるそうです。その時は、両親が出かけて留守でした。ブラジャーのひもを確かめているような手の動きなのに、普通におしゃべりをしてくるのです。

そのことを、彼女は誰にも言えずに大人になりました。「こんな事は、他人に言う事じゃない」「大した事じゃない」と自分に言い聞かせて。母親が悲しむかもしれないし、父親が怒り出すかもしれないと考えたのです。

みんなの中で、こんないやな思いをした人はいませんか。

「いや、やめて」と、はっきり言ってよいのです。

そして両親や他の信用できる大人に相談してほしいのです。

普段、パンツやブラジャーでかくしている「プライベート・ゾーン」は、人に見せたり、触らせるところではありません。

だから、人が「みせて」と言ったら、「いやだよ」と断ってよいのです。大切なところは自分で守りましょう。

よーくいろいろ考えよう

手を洗うことは大切

自分専用のハンカチを持とう

みんなは、外から帰ったら手を洗っているかな？

爪もきちんと切っているかな？

手を清潔にすることは、自分の身を守る第一歩なんです。

手が汚れていると、食べ物を食べた時、いっしょに病気の元となる菌を口の中に入れてしまうことになるね。

また目や耳の穴や鼻の穴なんかの弱い皮膚の部分や、性器のようにおしっこの出る穴と近い場所は、汚れた手や爪ののびた手でふれると、傷がついたり、ばい菌が入ったりすることもあるので、気をつけたいね。

裸の赤ちゃんは、よくおちんちんいじりをする。大人たちはおちんちんにふれることはいけないことと言うけど、さわること自体は自分のからだなので問題がないんだよ。汚れた手でさわることがいけないんだ。汚れた手でさわらないようにお父さんやお母さんに注意を呼びかけているんだよ。

手がきれいだと気持ちがいいでしょう。「気持ちいい」とか「心地よさ」は、自分を大切に生きていくために必要な心の状態なんだよ。

トイレに入る前に手が汚れているなと思った時は、先に手を洗ってから入る知恵も働かせてね。

そして手をふく時は、自分専用のハンカチやタオルを使ってね。

自分のハンカチ・タオルを持とう

感染する病気に注意

「手を洗うことは大切」の中で、自分のハンカチを使おうと言ったのは、手を拭くタオルから感染する病気があるからなんだよ。

最近では、デパートや病院、図書館などの公共の場では、使い捨てのペーパータオルやハンドドライヤーが設置されていて、共同のタオルがかかっているところは、ほとんどなくなってきたよね。

自分のおうちでも何日も同じタオルがかかっていたら取り換えておこう。自分専用のタオルがほしい人は、お父さんやお母さんにお願いしてみるといいね。

タオルのほかにも、口の中に傷があったり、上手に扱えなくて皮膚を切ったりすることで感染する病気があるので、歯ブラシやかみそりも自分専用のものが必要なんだ。

学校や病院で注射する時の針も、ひとり一本ずつ使い捨てになっているんだよ。

さぁ、出かける時は、自分のハンカチやタオルが必要だとわかったね。おとまりで出かけるなら、自分の歯ブラシやかみそりを忘れないで。友だちに借りることはできないんだよ。

「大人になるため」のおふろの入り方
今日から始めよう

「大人になるため」のおふろの入り方。自分には関係ないと思わないで、今日から始めてみよう。

まず脱いだパンツをよく見てごらん。オシッコやウンコが付いていたり、ドロや土ボコリで汚れていたり……。今まで、そのまま洗濯カゴに入れて親まかせにしていたんじゃないかな?

そのパンツが汚れていてもいなくても、毎日おふろにもって入ろう。そしてさっさとせっけんで洗ってから、洗濯カゴに入れておこう。

女の子ならオリモノが下着に付くことがあるし、月経で経血が付くこともあるよね。

男の子は、夢精や自慰《じい》（マスターベーションのこと）で、精液が付くことがあるでしょう。自分で洗えば、親に知られず、マナーが守れるというワケ。

からだの洗い方も、大切だよ。特に知っておきたいのは、性器の洗い方だ。

女の子は、ひだの中に指をそっとすべらせて、お湯だけで洗います。膣の中は洗いません。自浄作用というのがあるから、自分で自分をきれいにできるんだよ。目にゴミが入ったら涙が出て流してくれるのと同じだね。

男の子は、ペニスに包んでいる皮を痛くなくムケるまで根本側に寄せて、指先を使い、お湯で洗います。毎日少しずつやっていると、全部ムケるようになるよ。

さあ、さっそくお風呂で確かめてみよう。

からだの声を聞こう

早寝早起きから

毎朝、「おはよう！」と気持ちよく目覚めていますか？

昨日の夜、テレビやゲーム、あるいは勉強？　で眠いんだけれど、つい夜更かしをしてしまった、なんてことはありませんか？

朝起きてすぐか、朝食後に便意があって、バナナのような大きさや固さの便をスムーズに出していますか？

当たり前のことのようで、なかなかできないのが、早寝早起き。

早く寝ると睡眠時間が長くなり、疲れをとったり、からだの成長をうながすホルモンが出て、大きなからだになれるんだよ。

学校に遅れるから起きるのではなくて、たっぷり眠ったから自然に目がさめるんだ。からだが満足したんだね。その上、内臓の働きも活発になって、おいしく朝ごはんを食べたり、トイレで便を出してから学校に行けるね。

家で排便せずに学校に行くと、給食後に学校で便意があったり、学校でがまんすると夜になってしまうね。

おしっこはがまんできなくても、便はがまんしようと思えば出来るので、「便秘《べんぴ》」になってしまうんだ。からだの声を聞くということは、自分にしかできないことだね。

みんなは「眠い」「トイレに行きたい」という気持ちを大切にして、健康な毎日を送ってほしいな。

ダイエットって、必要？

食生活をふり返ろう

太ってもいないのに、やせたいと思っている人、まわりにはたくさんいるよね。ダイエットをする時、食べずにやせようとすると、たくさんの困ったことが起こるんだよ。

まず第一に、成長が止まってしまうね。体重が減ることだけ望んでいても、身長が伸びなくなってしまう。

二つ目は、抵抗力がなくなって、病気にかかりやすくなるよ。病気になると、友だちと遊んだり、今まで通りの生活ができなくなるから、困ったもんだ。

それにね、からだだけでなく、心もおかしくなってくるんだよ。おなかが減っても食べないからイライラして、人間関係がぎくしゃくしてしまうし、やる気もなくなってくる。

それから、女性の場合は、月経がなくなってしまうこともあって、肌や爪の髪の毛が老人のようになって、健康な生活が送れなくなります。

自分が太っているなと思う人は、食生活をふり返ってみてごらん。スナック菓子やジュースでおなかをふくらませていませんか。夕食のあとに何か食べたりしませんか。きちんと一日三回食事をとりましょう。そしてしっかり歩きましょう。

正しい食事と適度な運動で、健康的なからだと心づくりをすることが、今のみんなに必要なことです。

どうして、たばことお酒？

好奇心でもだめだよ

なぜ大人たちは、たばこを吸ったり、お酒を飲むんでしょうか。

それは、習慣になってしまっているからなんです。

ある日、友だちに誘われたり、ほんの軽い気持ちで始めたたばこやお酒。でもくせになってしまう物質がたくさん含まれているので、やめることはとても難しいんだ。

たばこの煙の中には、二百種類もの有害物質、つまりからだに良くないものが含まれていて、血管や肺をはじめ、からだの動きを鈍くします。

初めてたばこを吸った時に、めまいや頭痛、せき込むようないやな感じがするのは、有害物質の作用です。しかしがまんしているうちに「リラックスする」ような錯覚が起きます。

でも脳に達した有害物質は、ほんの少しの間しか効かないので、またもう一本吸いたくなり、だんだん量が増えてしまいます。

同じようにお酒も、飲むといい気分になり、イヤなことを忘れさせてくれる気になりますが、効果は長続きせず、もう一杯飲みたくなってしまいます。

だから友だちに誘われたり、好奇心で、たばこやお酒を体験しようと思っている人は、絶対にやめてください。

「自分を大切にする」勇気をもってほしいです。自分を守れるのは自分だけだから。

ノー・ドラッグ!
はじめから近づかないで

「ドラッグ」という言葉を聞いたことがありますか?「薬物」という意味だけど、最近では、「麻薬《まやく》」という意味でよく使われています。

薬は、病気を治すために作られますが、中には麻酔や覚醒剤のように、習慣性が強くて、使い方の難しい危険なものもあるのです。

また薬としての効果がまったくないのに、習慣性があって、心やからだに悪いもの(マリファナ・覚醒剤など)、ペンキをとかす時に使うシンナーも、ドラッグです。

ドラッグの怖さは、たばこやお酒と同じで、強い習慣性があり、やめられなくなることです。はじめから、近づかないことが必要です。

もう一つの怖さは、人間として生きていくために最も必要な、脳の働きがおかしくなることです。心もからだもメチャメチャになってしまうのです。

「やせられる」「一回だけなら平気さ」という甘い誘いには、決してのらないでください。

あなたを愛する周囲の悲しみを考えたなら、「ノー」と言えるはず。

もし今、悩んでいる人がいるなら、勇気出して打ち明けて！

メディアの性の情報
そのままうのみにしちゃダメ

昔は、人から直接話を聞くことが、情報を得る一番の方法だった。でも今は、新聞や雑誌、テレビやコンピュータがあるから、情報の量は、爆発的に増えてしまったね。こんな風に、いろんな情報を伝えてくれるものを「メディア」って言うんだ。

私たちは、メディアから流れてくる情報を見たら、そこに書いてあることや映っていることが、なんとなく本当のこと、真実だと思ってしまう。性に関する情報も、テレビやマンガで見たことや、アダルトビデオの内容を、現実の世界だと思い込むことがある。

アダルトビデオやコミックに描かれているセックス（性交）は、暴力シーンが必ず出てくるけれど、ビデオで見たからといって同じことをしたら、愛する相手は絶対に逃げていってしまうよ。

情報をうのみにする(そのまま全部本当のことだと信じる)のではなくて、いちばんそばにいる恋人に「どう思うかな」って直接聞いてみたり、自分たちの愛情表現をふたりで探していくのが一番いいんだ。

だから、みんなのまわりにたくさんあるメディアの「性の情報」と付き合う時は、この情報は本当だろうか？　と疑いを持つ事も大切なんだ。

例えば、「簡単にダイエットできる」と思い込ませてやせるくすりを買わせようとしたり、「包茎だと嫌われる」と不安をあおって手術を勧めたりする広告に出会ったら、自分は本当にダイエットが必要なのか、手術が必要なのか、両親や先生や専門医に聞いてみることもできるんだよ。

セクハラをなくそう

相手の嫌がることはしないで

「セクハラ」という言葉を知っているかな?

これは「セクシャル・ハラスメント」といって、からだや性のことで、人から嫌なことをされたり、言われたりすることだよ。

例えば、からだの特徴をけなす言葉(デブ・ちび・はげ・ペチャパイなど)を言われたり、体育の時間の着がえや身体測定の時に、いたずらされて衣服を隠されたり、じろじろと見られたり、「いい体をしているね」と声をかけられたりする事だよ。

こういうことって友だちからだけでなく、先生や医者や検査する人から受けることもあるね。

授業中、先生がなんだか嫌な感じで顔を近づけてきたり、肩や髪にさわってきたりすることもある。休み時間に、スカートめくりやズボンを下ろされたりすることもそうだ。

こういう時、あなたは「いやだ」って言えるだろうか？

相手が自分より強そうだったり、逆らってもかなわないと思って、我慢してしまうかもしれないね。

でもね、勇気を出して「いやだ、やめて」といってごらん。

周りのみんなも、もし自分だったらいやだなと考えて、「そうだ、やめろよ」と助けてくれたら、どんどんセクハラはなくなるはずだよ。

どういうことがセクハラになるのか、もっともっと考えてみよう。

大切な性の自立

性衝動をしずめるために

自分のからだや性器をさわって気持ちよくなること、「マスターベーション」は、悪いことではないんだよね。自分の性を理解して、性的な要求を理解して、性的な要求を自分で管理できることは、「性の自立」といって大切なことなんだ。

マスターベーションの約束は、五つあるよ。

①手や指やからだを清潔にしておく
②自分ひとりの場所で
③人にすすめたり無理にさせない
④性器を傷つけない
⑤ゆったりとした気分で

マスターベーションは、男の子には頻繁にみられるけれど、中にはしない人もいるよ。女の子にもする人としない人がいる。大切なことは、性の問題は、いかに生きるということだから、自分で決めればいいんだよ。

身長が伸びなくなったりバカになるという話は、根拠がありません。安心してくださいね。

望まれた出産をしよう

出産・育児は、責任がともなう

愛する人とのふれあいから性交へ発展するのは自然なことですが、「産む、産まない」を先に考えることは、とても重要なことです。

日本では「産みたいから妊娠する」望まれた出産は、全妊娠の三六パーセントです。

望まれた出産が全体の三分の一というのは、世界でも低い数字です。また無計画な出産が多いことにも特徴があります。

自分の生活に責任が持てる「大人」になり、愛するパートナーが出来たら「産む、産まない」を考えましょう。

もしも「産まない」ことを選ぶなら、「避妊」について正しい情報が必要です。

「産む」ことを選ぶなら、それぞれの人生の中で、いつ何人産むかを考えます。性交は、二人の問題なので、自分だけでなく相手のことまで一緒に考える必要があります。相手の人生まで責任を持たねばならないのです。

妊娠すれば、出産があり、すぐに育児が待っています。育児は、子どもが自立するまでの長い期間、責任を伴います。パートナーとお互いにその事を確かめてあうことが大切なんです。

愛しているだけではなくて、お互いに支え合い、思いやり、尊敬しあって素晴らしいパートナーになるために、自分に磨きをかけてください。

コンドームによる避妊

赤ちゃんを産みたくない時に使うもの

もし、みんなのご両親が今でもセックスをしているなら、それは素晴らしいことなんだ。だってセックスは、愛し合う二人の大切な時間だからね。

だけど、お母さんは、赤ちゃんを次々に生みつづけているだろうか？

答えはノーだね。どうしてだろう。それはね、二人は赤ちゃんが出来ないようにしているからなんだ。

そのために、男の人は、ペニスにコンドームをつけるんだ。女の人がワギナにつけるタイプもあるよ。そうすれば、ペニスがワギナの中に入っても、精子はコンドームの中に出されるので、卵子と出会えず、赤ちゃんは生まれないんだ。

「赤ちゃんを産みたくない」ってことを、妊娠を避けるという意味で、「避妊《ひにん》」というんだよ。

大人になると、人は誰かを好きになり、愛し合って、キスしたいとか抱きしめたいとか思うようになって、そしてセックスをするようになる。でもね、セックスした数だけ、赤ちゃんが生まれたら、地球上は人でいっぱいになってしまうね。

望んだ時に赤ちゃんが生まれてくれれば、生まれてきた赤ちゃんも幸せに違いない。だから、避妊はとても大切な行為なんだ。

長い人生の中で、いつ頃、何人の赤ちゃんを産むのか、あるいは、赤ちゃんを産まないのかなんて、みんなも、大切なパートナーと一緒に考える日がやってくるよ。

それって、けっこうたのしい事なんだ！

「男らしさ」「女らしさ」って何？

性には多様性がある

人は、生まれた瞬間から、ペニスやワギナをみて「男の子」か「女の子」か、どちらかの性別かが確かめられるね。性別が決まれば、男の子には男の子用、女の子には女の子用の名前がつけられる。そして、着るものや遊ぶおもちゃや持ち物の色とか、ありとあらゆるものが、生まれてすぐに別けられてしまう。

男の子は男らしく、女の子は女らしくって、育てられるんだね。

でも「男らしさ」ってなんだろう？

たくましい・強い・粘り強い・勇気がある……。

では「女らしさ」は？

しとやか・優しい・世話好き・弱々しい……。

言葉では、こういっても、実際には「男らしさ」と「女らしさ」なんて、簡単に別けられない事は、誰でも知っているよね。「らしさ」は、性別ではなくて、自分らしいかどうか、その人らしいかどうかが、大切なんだ。

戸籍上の性別に、自分らしさの感じられない人もいることを知っているかな？

からだの性別と心の性別が違っている人を、「トランスジェンダー」（性同一性障害《せいどういつせいしょうがい》）というよ。みんなは、この本で、「性は多様性がある」（いろいろな人や感じ方がある）と学んでいるよね。でもやっぱり、ほかの人と同じでない事を告白するのには、とっても勇気がいるよ。だからまずは、いろんなことを、お互いに認め合う事からはじめよう。わからない事は、相手に聞くのが一番いいんだ。

同性を好きになることも

ホモやレズは差別語

「ホモ」や「レズ」という言葉を聞いた事があるかな？

正しくは「ホモセクシュアル」「レズビアン」といって、同性愛者、女性同性愛者のことをさすんだよ。

みんなは、男は女を愛するし、女は男を愛するものだと思い込んでいないかな？

でもね、男が男を好きになっても、女が女を好きになっても、それはおかしいことやへんなことではないんだよ。もちろん、男と女の両方を愛する人だっている。

クラスの中に男っぽい女子、女っぽい男子がいる事があるね。男っぽい女子は、女子が好きなんだろうか？　男子が好きなんだろうか？　同性を愛する事、異性を愛する事はどちらも自由だし、同性愛が差別される理由は何もないんだ。

「同性愛」や「マスターベーション」がいけないことなんだって言われてきたのは、「子どもが生まれない」からという宗教上の理由で、むかしの名残りなんだよ。そういうことって、病気でも、精神がおかしいわけでもない。

「マスターベーション」は大切な行為だと今では言われているように、「同性愛」もこれからはあたりまえに受け止められなければいけないね。

「ホモ」「オカマ」「ニューハーフ」「レズ」、どれもみな相手を軽べつする呼び名だから気をつけてないといけない。

同性愛は病気じゃない

みんなで理解しよう

「同性愛」と聞くと、どんな事を連想するかな？　「変態」「異常」「病気」などのイメージだろうか？

でもね、ＷＨＯ(世界保健機関)では、「同性愛はいかなる意味でも治療の対象にならない」と宣言しているよ。同性愛は病気ではないということだね。

もし、自分が同性に惹かれているとしたら、どうするだろう？　きっとずいぶん悩むに違いない。

まわりの人が笑ったり、軽べつしたりするだろうと予想できるし、お父さんやお母さんをはじめ、お手本とする人がいないので、どうしていいのかがわからないし、将来はどうなるのか不安だ。

学校では、愛といえば異性愛だけしか考えていないようだし、正しい情報はどこで得られるのかわからない。

「自分は、おかしいんじゃないか?」と考えている人は、自分のことを好きになるにも時間がかかりそうだね。

思春期は、自分を好きになって、他人との人間関係を作っていく大切な時期。だから「同性愛は同性に意識が向いている、異性愛は異性に意識が向いている」、ただそれだけの事を、みんなが理解してくれたら、悩みもすこしは軽くなるだろうね。

エイズって知ってる？

12月1日は「世界エイズデー」

十二月一日は、「世界エイズデー」だ。

みんなの学校では、エイズへの理解を深めるために、なにか授業が準備されているかな？

エイズは、一九八一年に初めて患者が見つかった新しい病気だ。治す薬が見つかっていないので、死にいたる恐ろしい病気だと思っているかもしれないね。

エイズの正式な名は、「後天性免疫不全症候群《こうてんせいめんえきふぜんしょうこうぐん》」といって、自分自身で自分の体を守る仕組みが不十分になるという意味だ。だから、いろんな病気にかかりやすいし、治すのが難しい場合があるんだ。

エイズの原因なるのはＨＩＶというウイルスで、体の中に入ると、すぐにエイズになるわけではなく、十年ぐらい病気が現れない時期がある。

病気が現れなくても、ほかの人にうつるので、自分がＨＩＶに感染しているかどうかは知っておく必要があるね。

ＨＩＶは、血液・精液・膣分泌液にすむ感染力の弱いウイルスで、感染ルートはセックス・輸血・血液製剤・注射針の共用・母子感染だけなので、日常生活ではほとんどうつらない。

だからエイズの事を正確に知らないままだと、病気の人を差別したり、偏見を持ったり、手助けしなかったり、困ったことになってしまうかもしれない。

そんなことにならないためにも、エイズについて、これからもっと勉強しようね。

日常生活ではうつらないエイズ

偏見と差別をなくすために

みんな知ってるかな。エイズは、こんなことではうつらないよ。

●せき・くしゃみ●おしゃべりや握手●キス●蚊・ハエ・虫●ペットや動物
●お風呂・プール●同じなべや皿の料理を一緒にたべる
●缶ジュースのまわし飲み水のみ場の水●散髪や美容室●カラオケマイク
●公衆電話や電話機●トイレ●手すり・つりかわ・鉄棒

もし、エイズの人と一緒に暮らしていても、血液や精液、膣分泌液に触れなければ何も問題はない。エイズは、感染源がはっきりしているので、予防しやすい病気なんだ。

性行為を行う時にはコンドームを使えば、精液や膣分泌液が体内に入らないので、避妊だけでなく、ＨＩＶの感染からもからだを守ることができる。

性行為以外の感染ルートだった輸血は、現在ではＨＩＶの検査をしてから使用されている。注射針も病院では使い捨てになっているよ。

血液製剤は、血友病《けつゆうびょう》という血液が固まりにくい病気の人の薬で、以前、ＨＩＶに感染していた血液製剤を使ってエイズになった人たちがいたんだ。でも一九八五年以降は熱処理をしてウイルスを殺しているので、安全になった。

母子感染は、母親から赤ちゃんへの感染で、感染を防ぐ事は確実にはできないから、問題が大きいね。

エイズは、いたわりあいの心で

危ないセックスはしないこと

今は子どものあなたたちも、五年後、十年後には、性行為をしたり、結婚しているかもしれない。ＨＩＶの感染は、性的接触が一番多いから、今よりも性的接触の機会が増えるこれからは、注意が必要だ。

以前にセックス経験がある人で、感染の心配がある人は保健所で検査を受けることと。そして二度と危ないセックスをしないこと。

愛する相手にうつすことはできない。コンドームのないセックスは、妊娠を望む時以外はしないことが大切だね。

私たちは、ふだん病気の人に対しては、いたわりの気持ちを持つのに、うつったり、死に至る病気だと知ると、病気の人を怖がったり、近づかなかったり、なかには悪く言ったりしてしまいがちだね。

日本の社会は、エイズについてまだまだ正しい理解することができずに、感染してしまった人を差別している。もしあなたが感染してしまったら、治らない病気にかかった恐怖と、差別や批判を受けて悲しみや孤独や絶望を感じるだろうね。

エイズについて、私たちができることは、

①正しく知ること

②自分で自分を守ること

③偏見や差別をなくして、いたわりあうこと

じゃないかな。

大切な、
大切なこと

パートナーを大切に

相手の気持ちを考えて

生まれたばかりの赤ちゃんは、おぎゃーおぎゃーと泣いて、誰がすぐに飛んできてくれるのかを確かめているよ。

この時、お母さんがいつも来れば、お母さんを一番に信頼するし、お父さんが来れば、お父さんを一番に信頼するんだ。

人間は一人では生きられないから、生まれてすぐのころから死ぬまで、ずっとパートナーが必要なんだよ。

子どもの間は、同性の仲間と親友になったりするけれど、思春期になると異性の友達や恋人がほしくなるよ。もちろん同性のことが好きになる場合もある。

そして、一生涯のパートナーとして、結婚相手を選ぶ時が来るかもしれない。

そのパートナーとお付き合いをするうえで、大切な事はなんだろう？

それは、相手の立場にたって、ものを考える事なんだよ。

それはね、お互いに「はい」「いいえ」が自由に言えて、いっしょにいて、安心して信頼できたりする関係をいうんだ。

自分が考えた事やしたい事は大切だけど、いっしょにいるパートナーに聞いてみて、確かめたり話し合ったりしないと、それは押し付けになってしまうね。それは親子の間でもいっしょだよ。

素晴らしいパートナーに出会えるように、ふだんから相手の気持ちを考える練習をして、自分を磨いておく事が大切だよ。

言葉はとても大切

相手と自分のために必要なこと

赤ちゃんは、生まれた時には言葉をもたない。生まれてしばらくは、泣いていれば、おむつがぬれたのかな？　おなかがすいているのかな？　と親が察してやることもできるけれど、二歳三歳の子どもだと、なんで泣いているのか察することは難しい。

みんなのように成長して、好きな人ができた時、相手はいわなくてもわかってくれるだろうか？　やっぱり、ちゃんと相手に告白しなければ伝わらないだろうね。

いやな思いをしている時も同じだ。「いやだ」ということをはっきり言葉で表さないと誤解されても仕方がない。

返事を待ってもらう時も「今ここまで考えている」ということを伝えないでい

たら、相手は無視されたと思うかもしれないね。

喋るのが苦手で無口な人も、心配しなくて大丈夫。ここだという時に、はっきりと答えればいいだけなんだ。「今、はっきり答えなくちゃ」と考えることは、相手を尊重するとこになるし、自分を守ることにもなるね。

大人になっても言葉は、大切に使おうね。

誰もが愛されて生まれてきた

自分の値打ちを上げよう

いま、「なぜ自分は生まれてきたんだろう」「どうせ自分なんかいなくなればいい」と思っている人はいないかな？

やさしい両親に囲まれて、「あなたは大切な存在、かけがえのない子ども」といわれている子どもたちばかりじゃないかもしれない。

親の離婚で両親と暮らしていない人もいるだろうし、両親から暴力を受けているつらい人もいるだろう。

「暴力」には、殴る・蹴るといったからだへの攻撃だけでなく、自分の存在を無視されたり、ひどい言葉で傷つけられることも含まれるんだ。自分を大切にしようと思っても、そんな暴力を受けると、心の中が無力感でいっぱいになり、何もしたくなくなって、自分の値打ちが全然ないように感じるのも、よくわかるよ。だけど、いのちが誕生する時には、必ず「愛」は存在していたんだ。そうでなければ君は、生まれてこない運命にあったんだ。

私は、いのちが誕生する現場で働く助産師。

だから、赤ちゃんが生まれてくる時に、まわりのみんなが「おめでとうございます」と祝福することを知っているし、その言葉をもらった両親は、「ありがとうございます」とみんな感謝していることを、ずっと見守ってきたんだよ。

君も、「愛されて生まれた」ってことを、信じてごらん。

あとがき

私たち(親たち)は、性の問題を避けて大人になりました。考えたり学んだりするチャンスを奪われてきたともいえるでしょう。

性の問題は、いのちの問題。生きていく中で本当は一番大切なことなのです。赤ちゃんが生まれたらその瞬間から、親から子へと伝わっていくことがあります。「あなたが大切」というメッセージ。からだは、あなたが自分で守ること。気持ちいい感覚。

親たちが、性を楽しく暖かいものだと伝えなければ、子どもはどこからどんなメッセージを受け取るのでしょう。もしかしたら、親の価値観は、妊娠中の胎児にさえも伝わっているのかもしれない。

私が自然出産を支援する中で感じたことがあります。いいお産のために必要なことは、実は子どものころから繰り返し受けてきた、大人からのいのちのメッセージではないでしょうか。

看護学生の時に立ち会った分娩以来、「お産」には目に見えない大きな力が働いていて、産む人を助けているのではないかと感じていました。それはやがて、産む人の強い意志だと思うようになり、出産介助をする中で、確信へと変わってきたのです。

出産が、深い喜びの中にあると信じて臨む女性たちには、必ず自分を愛して信じているのだと感じさせるなにかをもっています。

親子で性を語ることが、気軽にできれば子どもたちはさらに親からのメッセージを受け取ることができ、大人たちは子どもに性の自立をさせることができるのではないでしょうか。子どもはいずれ親元を離れます。そのときにプレゼントできる大きな贈り物になってくれれば幸いです。

この本は、琉球新報で二年間にわたって連載された「親子で性を考えよう」を、ボーダーインクの新城和博さんのご尽力でまとめていただいたものです。心から感謝いたします。

著者

こもりかおり　小森香織
開業助産師　　こもり助産院院長。
国立奈良病院付属看護学校三年過程卒業
大阪府立助産婦学院一年過程卒業
大阪府立母子保健総合医療センター、沖縄県立八重山病院を経て、若宮病院、山本産婦人科医院勤務後、来沖し、こもり助産院開院（平成八年）。
連絡先「こもり助産院」
〒901-2224　宜野湾市真志喜3-4-16-403
tel＆fax　098-898-5969

いのちのメッセージ
こどもに語る性の話

2004年7月15日　　第一刷発行
著者　こもりかおり
発行者　宮城正勝
発行所　（有）ボーダーインク
沖縄島那覇市与儀226-3
TEL098-835-2777
FAX098-835-2840
http://www.borderink.com
印刷所　（資）精印堂印刷

Printed in Okinawa 2004
ISBN4-89982-065-8 C0047 ¥1000E